ÉLOGE

DU

GOMTE CH. DE MONTALEMBERT

PAR

L'Abbé P.-G. DEYDOU

Vice-Archiprêtre d'Ambarès
Ancien Vicaire de la Primatiale
Ancien Professeur de rhétorique au Petit-Séminaire de Bordeaux

DISCOURS

COURONNÉ PAR L'ACADÉMIE DES JEUX FLORAUX DE TOULOUSE

Le 3 Mai 1880

Qualis ab incepto.

(HORAT., *Epist. ad Pisones.*)

———

PRIX : UN FRANC

PARIS	BORDEAUX
V. LECOFFRE, LIBRAIRE	H. DUTHU, LIBRAIRE
90, rue Bonaparte, 90	17, rue Sainte-Catherine, 17

1880

ÉLOGE

DU

COMTE CH. DE MONTALEMBERT

ÉLOGE

DU

COMTE CH. DE MONTALEMBERT

PAR

L'Abbé P.-G. DEYDOU

Vice-Archiprêtre d'Ambarès
Ancien Vicaire de la Primatiale
Ancien Professeur de rhétorique au Petit-Séminaire de Bordeaux

DISCOURS

COURONNÉ PAR L'ACADÉMIE DES JEUX FLORAUX DE TOULOUSE

Le 3 Mai 1880

Qualis ab incepto.

(HORAT., *Epist ad Pisones.*)

———

PRIX : UN FRANC

———

PARIS
V. LECOFFRE, LIBRAIRE
90, rue Bonaparte, 90

BORDEAUX
H. DUTHU, LIBRAIRE
17, rue Sainte-Catherine, 17

1880

Extrait du Rapport sur le Concours des Jeux Floraux

Il serait injuste de déflorer, par une critique prématurée, l'impression favorable que produit sur nous le travail de M. l'abbé Deydou, curé-doyen d'Ambarès. Faisons donc tout d'abord la part du talent.

Être aussi complet, aussi bien informé, aussi disert, aussi sagement divisé, et, par conséquent, aussi clair que l'est cet ouvrage, est le fait d'un esprit bien nourri et d'une plume exercée. Déduire, comme le fait l'auteur, la genèse psychologique de l'âme et du talent de Montalembert, de cette jeunesse immaculée qui fut l'origine de sa force, et de cette éducation chrétienne, et libérale qu'il reçut outre-mer, témoigne d'une délicatesse dans les sentiments que l'on retrouve dans tout le cours de l'œuvre. Cette vie est d'ailleurs profondément étudiée et creusée; elle se déroule à nos yeux dans sa puissance et sa fécondité. Les portraits d'O'Connell, de Chateaubriand, de Lamennais, de Lacordaire, se détachent en relief. M. de Montalembert, orateur, écrivain, homme politique, nous apparaît dans tout son éclat au milieu de ce cortège d'âmes élevées qu'il cultiva, et de cette jeunesse contemporaine qui saluait en lui un chef et un maître, et son rôle n'y est ni surfait, ni amoindri.

Nous trouvons donc dans ce discours une large satisfaction, et il est certain que l'églantine d'or eût été la fleur (1)

(1) L'Académie a décerné à l'auteur une violette réservée.

digne de cette belle étude, si l'auteur eût mieux ménagé sa péroraison et ne l'eût terminée par une note dont la justesse semble discutable.

Pourquoi couvrir d'un mouvement de repentir la dernière journée de cette belle vie ? (1) Le pardon était-il donc nécessaire ? A notre avis, l'auteur a altéré par là l'attitude de son modèle et diminué son mérite. La soumission anticipée, simple et entière, que M. de Montalembert formula avant que les décrets du concile ne fussent rendus, sont le témoignage indiscutable de son orthodoxie et comme le dernier trait de cette âme droite et éminemment chrétienne.

Comte FERNAND DE RESSÉGUIER,

Secrétaire perpétuel de l'Académie des Jeux Floraux.

---

(1) « Pourquoi couvrir d'un mouvement de repentir la dernière journée de cette belle vie ? » Parce que le mot *pardon* exprime le repentir. Le pardon est nécessaire à tout le monde, surtout à celui qui a beaucoup parlé et beaucoup écrit, et l'auteur croit, n'en déplaise à Clémence Isaure, qu'un chrétien ne se diminue pas en s'humiliant devant Dieu. Il y a telle parole de Montalembert qui eut un retentissement douloureux. Nous ne voulons pas la rappeler.   P.-G. D.

ÉLOGE

DU

Comte Ch. de MONTALEMBERT

———〜〜✕〜〜———

Qualis ab incepto

C'est devant la jeunesse de nos écoles qu'il faudrait prononcer l'éloge de Charles Forbes René, comte de Montalembert. Il y aurait profit pour elle, et joie aussi, sans doute, à entendre répéter ces mots, qui viennent naturellement aux lèvres lorsqu'on raconte une vie qu'ils résument si exactement : *Honneur, Liberté, Religion, Patrie.*

Elle admirerait cette âme, transparente comme un cristal très-pur, qui garda jusqu'au bout d'une existence relativement assez courte, mais assurément bien remplie, les belles ardeurs du jeune âge, ses enthousiasmes, ses indignations, disons même ses illusions et quelques-unes de ses intempérances.

Quel type de chevalier égaré dans nos jours froids et sombres ! Quel modèle de dévouement désintéressé aux causes méconnues ! Quelle fierté de lion en face des ennemis de Dieu et de l'Église ! Quelle pudeur d'hermine au milieu des fanges du siècle !

Qui nous le rendra, montant à la tribune, comme on monte à l'assaut, ou maniant la plume, comme ses aïeux maniaient la lance et l'épée, pour repousser les assaillants de la justice et de la vérité?

Car voici que l'on renouvelle les calomnies et les agressions qu'il refoulait du souffle de sa poitrine et de l'éclair de son regard. On conteste les droits qu'il fit reconnaître; on remet en question les concessions qu'il arracha au mauvais vouloir d'un menteur libéralisme; on menace les conquêtes que nous lui devons en partie, et l'on parle de proscription pour des maîtres qui, sans avoir été les siens, lui furent chers deux fois, à titre de religieux et à titre de persécutés.

Qui nous rendra surtout ces exemples de respect de soi, de loyauté, de fidélité à ses croyances? Le dirai-je? qui nous rendra cette indépendance native, quelque peu ombrageuse, qui frémit en se soumettant, mais qui toujours finit par se soumettre, donnant ainsi la preuve d'une force qui réagit contre elle-même et librement s'enchaîne et se captive dans des liens et sous un joug aimés? Mélange attrayant et singulier d'audace et de réserve, de bouillante intrépidité et de sensibilité enfantine, véritable *Achille chrétien* (1), sous la tente ou sur le champ du combat, on ne peut le considérer et le suivre dans les soudaines évolutions de sa pensée, dans les éclats et les emportements de ses colères, sans être effrayé par sa fougue, rassuré par la droiture toujours évidente de ses intentions, charmé par la franchise, la promptitude, la spontanéité de ses retours.

On a fixé ses traits sur la toile; ils respirent dans un marbre immortel (2). Nous voudrions les faire revivre dans ces modestes pages.

---

(1) Ce nom, qu'il donne à Lacordaire, lui convient encore mieux à lui-même.

(2) Un buste de Montalembert, œuvre de Chapu, a été offert par les amis du grand orateur à sa veuve et à ses enfants. On a pu l'admirer à l'Exposition universelle de 1878.

Hélas! il n'a pas fallu moins que Montalembert, amitié et génie, pour livrer à la France un portrait de Lacordaire qui méritât de rester. Il faudrait Lacordaire pour dignement parler ou écrire de Montalembert. Nous ne le sentons que trop, elle nous manque, l'éloquence que demande aujourd'hui l'Académie et que le sujet réclame impérieusement, et la sympathie, l'estime, l'admiration pour un magnifique talent au service d'un beau caractère, ne sauraient suppléer à l'éloquence. Mais qui sait? quand *les choses parlent assez haut* (1), pour intéresser, pour être utile, il peut suffire de narrer simplement des faits qui portent en eux leur enseignement.

Nous allons vivre quelques instants avec Montalembert; faisons taire nos regrets, essuyons nos larmes : « *A u lieu de nous plaindre que Dieu nous enlève de tels hommes, remercions-le de nous les avoir donnés* (2). »

1

Ce bon Français, ce fervent catholique, naquit à Londres, dans la protestante Angleterre, le 15 mai 1810.

Les circonstances expliquent cette naissance en terre étrangère.

Charles était fils de proscrit. Le comte René de Montalembert, émigré de 1792, réduit par le malheur des temps à porter les armes, non point contre son pays, mais sous un uniforme étranger, avait épousé dans l'exil la fille d'un noble Irlandais. Inutile de dire que Charlotte Forbes était catholique ardente, aimant passionnément son île natale et sa religion persécutée. Voyez-vous cet enfant doué de tous les dons naturels, enveloppé, dès son entrée en la vie, d'une atmos-

---

(1) Bossuet. *Oraison funèbre de la reine d'Angleterre.*
(2) Mgr Dupanloup, *Oraison funèbre du général de La Moricière.*

phère de foi et de pureté ? Au premier éveil de sa pensée, sa jeune intelligence s'abreuve de vérité et tout son être est saisi par les plus légitimes et les plus salutaires influences. Il écoute les récits attristés de son père et de son aïeul. L'un lui raconte l'échafaud de Louis XVI, l'agonie de Louis XVII, les temples profanés, les prêtres arrêtés, les torrents de sang innocent versé par le fanatisme incrédule ; l'autre, remontant plus haut dans l'histoire, lui retrace les jours de Henri VIII et d'Élisabeth, s'indigne de ne pas rencontrer auprès de ces tyrans un plus grand nombre de Fisher et de Thomas Morus, et quelques-uns de ces fiers barons qui imposèrent à Jean-sans-Terre la Grande Charte, violée impunément par le schisme impudique.

Tels furent les deux premiers ouvriers de cette éducation qui, façonnant une âme de cire, lui donna le pli décisif.

Jusqu'à l'âge de neuf ans, Charles n'eut d'autres instituteurs que ceux-là.

Les bouillonnements du sang paternel et maternel avaient commencé l'œuvre de sa formation intellectuelle et morale. Ce sang avait coulé dans les veines de gentilshommes que nos rois signalaient parmi les plus braves, qui tous servirent la France par les armes, et à qui la devise : *N'espoir ne peur*, dictait la mâle et austère notion du devoir pour le devoir. Il avait coulé dans les veines de ces Scots opiniâtres que le protestantisme avait pu décimer et appauvrir, mais sans les faire fléchir et sans leur arracher du cœur l'amour de leur *Erin* asservie et de ses autels dépouillés.

Une instruction solide et variée et les hasards de la vie devaient faire le reste ; et il sembla que ces hasards fussent conduits par une Providence particulièrement bienveillante.

Qui rencontra-t-il à ses débuts, après qu'un vénérable prêtre, échappé à grand'peine aux coupes réglées du tribunal révolutionnaire, lui eut donné les fermes convictions qui font les confesseurs et les martyrs? Celui dont le comte Forbes lui avait dit les vertus courageuses, le grand champion de la liberté religieuse, l'agitateur puissant de l'Irlande, l'orateur qui exerçait sur ses concitoyens la dictature acceptée du patriotisme et de la charité fraternelle, leur libérateur, *l'émancipateur ;* son nom suffirait sans ce cortège d'appellations élogieuses, O'Connel. N'était-ce pas assez pour produire dans un cœur de dix-sept ans une sorte d'ivresse, ivresse de foi et de liberté ? Ajoutons pour expliquer chez Montalembert l'intensité de ces deux passions qui n'en firent qu'une, ajoutons qu'elles furent les seules à s'allumer en lui. La vigilance domestique, l'amour de l'étude, la sage direction du saint abbé Busson, les pratiques de la piété catholique gardèrent la chasteté dans son âme et préservèrent sa jeunesse de tout entraînement corrupteur. Avec un ami (1) digne de ce nom, il avait dès lors conclu et signé un pacte, par lequel tous deux s'engageaient à « *demeurer chastes pour mieux défendre l'honneur, la religion, la patrie, la liberté,* » pour défendre ces saintes choses, « *toute leur vie,* » et, s'il le fallait, « *jusqu'au martyre.* » En lisant ce pacte d'un nouveau genre, on croirait, dit un de ses biographes, lire « *un parchemin oublié d'une croisade d'enfants.* (2) »

'Non, c'est bien une croisade d'hommes qu'il songe à entreprendre, et sa perspicacité précoce a compris quel est le secret de la force qui mène à bien les œuvres de foi. Se contenir, ne se livrer qu'au devoir, voilà le grand, l'unique moyen de conserver les viriles énergies. Pas de déperdition insensée de chaleur d'âme et de cerveau ; pas de ruineuses prodigalités de temps, d'attention, d'efforts et de saillies. Pas de désordre ni d'incertitude dans la marche, puisqu'il n'y a pas d'indécision dans la volonté. Il n'y aura donc pas de roman dans cette adolescence ; elle sera un beau et virginal poème, aux épisodes d'un attachant intérêt ; le héros paraîtra cheminer au-dessus de terre, à la façon des météores, et sa trace sera marquée par une sorte de voie lactée au doux rayonnement, à l'éclat serein et argenté. Les nuages, au

---

(1) M. Léon Cornudet, plus tard président de section au Conseil d'État.
(2) A. Cochin, *Conférence sur Montalembert,* 1er avril 1870.

matin, ne glisseront quelques instants sur son front, que
pour laisser resplendir dans une lumière plus pure la gloire
de son midi.

Ses amitiés de choix ou de rencontre furent toutes saines
et fortifiantes. Le duc de Montmorency, la famille de La
Féronnays, Mme Swetchine lui montrèrent l'alliance de
toutes les vertus chrétiennes avec toutes les qualités aimables
et charmantes de la société aristocratique du temps. Rio lui
enseignait à aimer les arts dans leurs manifestations les plus
idéales. Lacordaire enfin vint bientôt l'échauffer de sa flamme et s'échauffer lui-même à son contact.

C'est auprès de Lamennais que Montalembert rencontra
Lacordaire. Racontons les premières chevauchées de ces deux
frères d'armes.

Le Catholicisme outragé depuis cent années avait eu, à
l'aube de ce siècle, trois vengeurs dont le temps a consacré
la mémoire, de Bonald, de Maistre et Chateaubriand. Tous
les trois ils avaient réagi contre le XVIIIe siècle, dont ils
rougissaient d'être les fils, et tous les trois, dans une mesure
diverse, ils avaient contribué à une première victoire de la
raison sur la passion ignorante, de la foi sur la raison éga-
rée par un vertige d'orgueil. Le plus brillant, celui dont l'influence fut immédiate et la plus décisive, Chateaubriand,
après avoir ouvert des voies où se précipitèrent la poésie,
les arts, l'histoire et la critique, était allé porter à la politique les fantaisies de sa riche imagination et la superbe de
son âme avide de supériorité et de renommée.

La direction du *parti catholique*, si l'on peut employer
cette expression, alors inusitée, avait passé à Lamennais. Nul
pourtant plus que l'auteur du *Génie du Christianisme*, de
Buonaparte et des Bourbons, de la *Monarchie selon la
Charte*, n'était propre au rôle d'un O'Connel français. Champion de la cause religieuse, identifiée alors avec la cause
monarchique, il eût rallié autour de sa personne Lamartine et
Victor Hugo, fidèles encore à la croix et à l'oriflamme, et
groupé en phalange macédonienne les combattants inexpéri-

mentés qui se serrèrent autour de son compatriote, moins fait que lui pour les luttes du Forum. Laïque illustre par ses services, il eût été le chef de la guerre sainte, où la mitre de l'évêque et le blanc surplis du prêtre eussent apparu, comme les rayons de feu de Moïse, pour encourager les soldats; comme la nuée lumineuse du désert, pour les guider vers la Terre-Promise de l'émancipation et de la liberté. On nous pardonnera de rêver après coup, pour l'enchanteur qui réconcilia les Muses avec l'Évangile, une destinée où sa virilité et sa vieillesse ne se seraient pas consumées dans des luttes sans honneur et dans une tristesse sans profit. Malheureusement, dominé par le sentiment de sa personnalité orageuse, le barde armoricain amoindrit dans de stériles compétitions de portefeuille son ascendant et son prestige. Ses animosités et ses rancunes firent chorus plus d'une fois avec les tribuns et les publicistes qui cherchaient à saper la royauté en s'attaquant à l'Église. Car les attaques contre la religion avaient recommencé : la calomnie, le dénigrement, le persiflage reprenaient l'œuvre de Voltaire, et 1830 fut une réaction anti-chrétienne autant et plus qu'une révolution.

Lamennais, célèbre déjà par le premier volume de son *Essai sur l'indifférence*, vit accourir dans sa Thébaïde de la Chesnaie un essaim de volontaires qui ne demandaient qu'à guerroyer sous ses ordres. Hélas! lui aussi était de cette race d'hommes que les mécomptes personnels font désespérer de la cause qu'ils défendent. Esprit violent et absolu, il ne concevait qu'une manière de soutenir la vérité, celle qu'il imaginait lui-même. Changeant brusquement d'idée et de tactique ; aujourd'hui préconisant la compression à outrance et idolâtre de l'autorité, demain, partisan d'une liberté sans limites ; âpre dans la discussion, hautain et sarcastique, il déconcertait les demeurants de la vieille école du respect et de la tradition, de la marche lente et circonspecte, de la polémique discrète et polie. Sans doute, il était bon d'infuser aux vieux croyants un sang plus vif et plus chaud ; il était opportun d'apprendre aux adversaires de l'Église qu'il leur faudrait désormais compter avec des lutteurs résolus ; mais soulever inopinément toutes les questions irritantes pour les résoudre par les solutions les plus risquées ; pousser à une sorte d'insurrection religieuse et d'anarchie morale ; se jeter dans le mouvement qui emporte tout pour l'accélérer au lieu de le contenir ; déverser à flots l'ironie et le mépris sur les contradicteurs ; provoquer et défier la foudre, n'était-ce pas compromettre les intérêts dont on s'arrogeait la défense ? Telle fut pourtant l'histoire du journal l'*Avenir*, pendant cette période brûlante qui se termina par une catastrophe. Certes, nous ne méconnaissons pas le talent et le zèle qui furent déployés dans cette courte campagne. Nous savons quelle impulsion reçurent alors des esprits, accoutumés jusque là à une passivité résignée. Si, un peu après, il fut facile de les liguer pour la revendication de la liberté d'enseignement, c'est que, dans ces premiers moments du régime de Juillet, on les avait préparés, animés, secoués.

Du reste, tout ne fut pas perdu, tant s'en faut, dans les travaux de cette heure inquiète. Sans parler des aperçus délicats et profonds de l'abbé Gerbet, qui sont devenus des livres exquis sur la Pénitence et l'Eucharistie (1) ; sans parler des vigoureuses Philippiques de Lacordaire, qui préludaient aux foudres oratoires de ses Conférences, les œuvres de Montalembert contiennent des pages de cette époque où l'on reconnaît déjà les éminentes qualités de son âge mûr. Le pathétique de ses articles sur l'Irlande et sur la Pologne (2) n'a pas été dépassé dans l'élégie en prose : *Une Nation en deuil* (3) qu'il écrivit trente ans plus tard.

Mais reprenons notre récit.

La Papauté n'aime pas qu'on la mette en demeure de pro-

---

(1) *Considérations sur le Dogme générateur de la piété catholique.* — *Vues sur le sacrement de Pénitence.*
(2) Œuvres polémiques, tome I.
(3) Œuvres polémiques, tome III.

noncer ses oracles. Puissance calme et prudente, elle dirait parfois à certains de ses enfants, trop véhéments dans la dispute : « *Vous ne savez pas de quel esprit vous êtes. Nescitis cujus spiritûs estis* (1) » et à des serviteurs trop pressés de la faire intervenir dans les querelles de ce bas monde : « *Vous n'êtes pas compétents pour connaître les opportunités de temps et de langage. Non est restrûm nôsse tempora vel momenta* (2). »

Pourtant, si l'on suscite un conflit d'opinions qui met les intelligences aux prises et trouble les consciences, force lui est d'élever la voix, et malheur, en ce cas, à qui ferme obstinément l'oreille.

Ce fut le tort de Lamennais et de ses collaborateurs de solliciter, d'exiger presque une sentence de blâme ou d'approbation. *Pèlerins de Dieu et de la liberté* (3), Lamennais, Lacordaire et Montalembert s'étaient rendus dans la Ville éternelle. Le premier, ainsi que Luther, à la veille de sa révolte, ne vit de Rome que le côté mesquin, des rivalités, des préventions, des petitesses (4). Ses deux compagnons, moins travaillés par les préoccupations de l'amour-propre, aperçurent l'Esprit de Dieu planant sur les ruines, et lorsque, las d'attendre cette sentence qu'ils appelaient étourdiment et que le Père commun des chrétiens hésitait à rendre, ils se furent dispersés un peu au gré de leurs goûts; lorsque, atteints en route par la nouvelle de la réprobation infligée à leurs procédés et à leurs doctrines, ils se consultèrent sur la conduite à tenir, la soumission coûta moins à la candeur des deux jeunes gens; l'orgueil de l'homme mûr la jugea impossible.

Après des tergiversations sans dignité, celui-ci prit cette attitude d'ange rebelle qu'il a gardée jusqu'à la fin. Nul ne le suivit dans sa chute. Sectaire sans sectateurs, il s'enveloppa

(1) (Luc. IX. 55).
(2) (Act. ap. 1. 4).
(3) 1831. Dernier numéro de l'*Avenir*.
(4) *Affaires de Rome*.

dans son anathème, comme en un suaire. Soulevant par inter-
valles son linceul et sa pierre sépulcrale pour lancer une
malédiction ou un blasphème, il recueillait de loin en loin
quelques sympathies déshonorantes qui s'empressaient aussi-
tôt de fuir sa solitude. Il traîna sa pensée dans les chemins
sans issue du panthéisme le plus nuageux, étendit la pourpre
de son style sur des lieux communs de philosophie ratïona-
liste et de socialisme démagogique. Vivante incarnation du
remords impénitent, vingt ans il résista aux prières de ses
anciens disciples qui demandaient à Dieu « *pour Tertullien
tombé la grâce d'une larme* (1). » Il s'éteignit un soir entre
les bras d'un libre-penseur de troisième ordre. Il était mort
avant que de mourir.

Dieu a pitié de ceux qui s'abaissent. Il ouvrit devant Lacordaire et Montalembert l'asile où ils pouvaient se retremper
sans péril, la lice où ils pouvaient glorieusement combattre :
au premier, le cloître de saint Dominique et la chaire de
Notre-Dame ; au second, les pittoresques retraites du Moyen-
Age et la tribune de la chambre des Pairs.

C'est la seconde partie de la vie de Montalembert, celle
où il fut le plus en vue; où, après avoir combattu en sous-
ordre, il prit la tête de la moderne croisade.

II

Nous avons deux choses à considérer ici : les causes dont
il fut l'organe, l'éloquence qui les défendit et les fit triompher.
Et nous pouvons dire d'abord qu'il se constitua le tenant
de toutes les faiblesses. Esclaves de nos colonies, enfants
entassés dans les manufactures, réfugiés Espagnols, provin-
ces Basques avec leurs *fueros* menacés, chrétiens de Syrie,
la Grèce, la Belgique, la Pologne, l'Église par-dessus tout,
voilà quelle fut sa clientèle.

---

(1) Article de l'abbé Gerbet : *Université catholique*, tome III, page 9.

Oui, l'Église avant tout le reste. C'était à la défense de cette mère des âmes qu'il avait volé librement, dans le premier élan de sa jeune et expansive nature. Il vit l'Épouse du Christ gênée dans l'exercice d'un de ses droits les plus imprescriptibles et dans l'accomplissement d'un de ses devoirs les plus impérieux, le droit à la liberté, le devoir de l'action morale. Sa liberté était atteinte par l'ostracisme dont on frappait ses légions les plus dévouées, bientôt par le dépouillement et l'exil de son pontife; son action morale restreinte par un monopole usurpé, qui l'excluait du soin si maternel d'élever et d'instruire l'enfance.

La question de la liberté de l'enseignement s'était posée déjà sous la Restauration, et la Charte de 1830 avait promis de la résoudre. Mais les gouvernements les plus libéraux y regardent à deux fois avant que d'octroyer ou de restituer une liberté quelconque. Si l'Église en doit profiter, ils ont à se faire une double violence.

L'État, depuis trois quarts de siècle, s'est substitué partout à cette puissance, qu'on dépossède, mais qui n'abdique pas. Tous les offices que celle-ci remplissait jadis, il les assume avec une ambition jalouse. Il n'est pas démontré que les peuples aient gagné beaucoup à ce changement de tutelle. L'enseignement surtout a été confisqué au bénéfice et à la charge de l'État, et une corporation laïque, créée par l'initiative du premier Napoléon, a remplacé dans toutes les écoles et dans tous les colléges les Ordres religieux. Les pères de famille (et ils sont nombreux) qui attachent une suprême importance à l'éducation chrétienne de leurs fils, seront donc obligés de les abandonner à des maîtres dont ils se défient, dont quelques-uns sont croyants, plusieurs protestants ou juifs, un très-grand nombre rationalistes ou sceptiques! Refuser à l'Église qui, seule, pendant treize cents ans, éclaira les intelligences, à l'Église, qui forma les hommes du grand siècle, un droit que l'on réserve à la libre-pensée, c'est en même temps une ingratitude et une injustice.

Les rédacteurs de l'*Avenir*, convaincus que *la liberté se*

prend et ne se donne pas (1), résolurent de hâter, par un acte hardi, l'effet d'une promesse qu'on ne paraissait pas pressé de tenir. Trois d'entre eux, MM. de Coux, Lacordaire et Montalembert, ouvrirent une école libre, après avis préalable au préfet de police. Au bout de trois jours, ils en étaient expulsés par la force publique, et on les citait en justice, pour ingérence illégale dans la dispensation de l'enseignement. M. de Montalembert, devenu pair de France par le privilège de l'hérédité, ne pouvait être jugé que par ses pairs; la cause étant indivisible, ses co-accusés comparurent avec lui devant la haute Chambre.

Pour la première fois, sa voix retentit dans cette enceinte, où elle devait si souvent se faire entendre. Les juges furent charmés d'un début qui promettait à leur noble tribune un orateur distingué. Ils admirèrent ce mélange de hardiesse et de modestie, cette véhémence entraînante, la franchise de cette confession de foi qui affrontait les sourires de la frivolité impie ou indifférente, et, bien qu'ils condamnassent, pour la forme, à une peine insignifiante un empiètement qui constituait un délit légal, ils accordèrent au condamné toutes leurs sympathies (2).

Le jeune pair, en terminant sa plaidoirie, avait prononcé un vrai serment d'Annibal. Il avait annoncé qu'il travaillerait sans relâche à détruire le monopole universitaire, et il tint parole. De 1833 à 1850, il poursuivit son dessein avec une infatigable persévérance, obligeant l'opinion à suivre ses passes d'armes; amenant les divers ministres qui se succédaient au département de l'instruction publique, Guizot, Villemain, Cousin, de Salvandy, à présenter des projets de loi de plus en plus équitables; tant qu'enfin, au lendemain d'une crise, aidé par ceux-là même qui, dans le principe,

---

(1) *Avenir*. Article de Lamennais.

(2) Ce discours est trop connu pour que nous en fassions des citations. Nous en dirons autant des autres discours du noble orateur.

l'avaient combattu (1), il obtint, sous le ministère Falloux, la liberté de l'enseignement secondaire. Par cette brèche, faite à la citadelle de l'enseignement officiel, passèrent les Évêques et les Moines, les Évêques dont Montalembert prenait le mot d'ordre et qui l'avaient soutenu dans la lutte ; les Moines, frères de Lacordaire et de Ravignan, qu'une législation restrictive assimilait, pour la profession d'instituteurs de la jeunesse, « *aux forçats et aux repris de justice* (2). » Ces évêques, ces religieux, si longtemps suspects, purent ouvrir des maisons d'éducation, et pratiquer paisiblement dans toute son étendue le *Docete* de Notre-Seigneur Jésus-Christ. Leurs élèves ont fait leurs preuves dans toutes les carrières ; ils n'ont été trouvés inférieurs à nuls autres, et, lors de nos derniers malheurs, on a pu juger si leur sang hésitait à sortir de leurs veines quand la patrie était en danger. Encore quelques années et l'on verra si la seconde conquête, celle de la liberté de l'enseignement supérieur, réalisée depuis la mort de notre cher athlète, est moins avantageuse à l'Eglise et à la France. Saluons d'avance l'avenir que préparent à nos deux patries, patrie des corps, patrie des âmes, l'influence catholique et l'émulation fraternelle qui succèdera tôt au tard, entre les institutions rivales, aux défiances inévitables et aux rapports nécessairement un peu tendus des premiers jours (3).

Cette victoire n'était pas assurée, que M. de Montalembert dut se porter au secours de la Papauté.

Nos révolutions ont leur contre-coup. Celle de 1848 avait ébranlé tous les trônes de l'Europe. La royauté temporelle du Saint-Siége succomba des premières devant la souveraineté de l'émeute. Rien n'avait pu tempérer la *furia* italienne,

---

(1) Voir les curieux discours de M. Thiers dans les *Procès-verbaux*, récemment publiés, *de la Commission de* 1849.

(2) Discours du 8 mai 1844, sur la *Liberté des Ordres religieux*.

(3) La reconnaissance des catholiques ne peut oublier le courageux ministre qui présenta le projet de loi, en 1850, ni les membres de la Commission extra-parlementaire qui en discuta les articles.

plus folle que la *furia franèese*, si odieuse à nos voisins d'outre-
monts. Ni les réformes spontanées de Pie IX ne désarmèrent
les partisans de la *Jeune Italie*, ni l'échec de Charles-Albert
à Novare ne les abattit. Sous couleur de revendication libérale
et constitutionnelle, ils cachaient des aspirations républicai-
nes et des haines de persécuteurs. Après avoir connu toutes
les ivresses de la popularité, le Pape réformateur connaissait
toutes les amertumes de l'ingratitude. On réclamait de lui
un ministre laïque ; il choisissait Rossi ; l'assassinat arrêtait
ce mandataire de la Papauté au seuil du Parlement où il
venait inaugurer sa politique conciliatrice. L'assassin était
porté en triomphe, et, sur son passage, une tourbe ameutée
vociférait l'*Hosannah*, qui, naguère, accueillait le pontife libérateur. Une bande de misérables, soudoyés par les sociétés
secrètes, alla jusqu'à décharger ses fusils sur les fenêtres du
Quirinal, un jour que le Pape s'y montrait, et un des camé-
riers du Saint-Père, frappé d'une balle, tomba mort à ses
côtés. La fuite furtive put seule soustraire Pie IX aux coups
des meurtriers et épargner aux Romains intimidés la respon-
sabilité d'un parricide et d'un sacrilége. A la nouvelle de
ces attentats, tous les cœurs généreux, saisis de stupeur,
répétèrent les tirades indignées de Montalembert, flétrissant
le radicalisme helvétique (1). Les démagogues tuaient quelques réactionnaires; « ils détrônaient *quelques rois*, mais
ils détrônaient *bien plus sûrement la liberté* (2). »

Heureusement la France, malgré ses déchirements inté-
rieurs, était grande et forte; livrée à ses naturelles inspirations, elle se souvint de son titre de *Fille aînée de l'Église*.
Ses soldats délivrèrent la cité sainte de l'impur ramas d'étran-
gers qui se disaient le peuple romain. Pie IX rentra dans
sa capitale, et si une initiative téméraire essaya de lui imposer
un programme de sécularisation (3), pour lui faire payer

---

(1) Discours du 14 janvier 1848, *sur la guerre de Sonderbund*.
(2) *Discours sur l'expédition de Rome*, tome III, page 281.
(3) Lettre du prince-Président, à Edgard Ney,

le secours reçu, l'Assemblée nationale désavoua cette inter-
vention malencontreuse. Le Pontife-Roi redevint vraiment
Roi, Roi sans conditions, libre et indépendant.

La parole de Montalembert et l'épée du général Oudinot
eurent la gloire principale de cette restauration. Incomparable honneur, dans un siècle tel que le nôtre, où la parole et
l'épée ont fait tant de ruines ! Sublime expiation des excès de
la tribune et des crimes de la force brutale ! De nouvelles
secousses ont renversé depuis l'institution plusieurs fois sécu-
laire qui garantissait la dignité et la liberté du Saint-Siége :
après Rienzi, Astolphe est revenu, et l'on n'a vu reparaître ni
Pépin le Bref, ni Charlemagne, ni Oudinot, ni Montalembert. Les heures sont à Dieu et les événements arrivent au
jour marqué pour l'exécution de ses desseins et la justification
de sa Providence. Mais n'est-ce pas pour un nom une illus-
tration sans égale que de se joindre, à travers les siècles,
aux noms que nous venons de prononcer, aux noms de ces
glorieux ancêtres de la France, et d'éveiller le souvenir d'un
dévouement puisé aux mêmes sources, consacré à la même
cause, et récompensé par un succès presque égal ?

Jamais l'éloquence humaine n'avait remporté plus beau
triomphe. Jamais peut-être aussi n'avait-elle plus légitime-
ment triomphé. Par cette légitimité de la victoire, je n'entends pas seulement la justice de la cause défendue ; j'entends
encore la logique secrète qui, dans l'ordre des faits, couronne par une conclusion victorieuse des efforts savants et
des moyens appropriés au but qu'on poursuit. Le bien raison-
ner et le bien dire aboutissaient une fois au bien agir.

L'éloquence de Montalembert était en effet à son apogée.

Elle avait grandi dans la lutte qu'il soutenait depuis quinze
ans. Un peu étudiée, un peu factice au début, elle n'avait pas
tardé à prendre des ailes.

A la chambre des Pairs, l'apprentissage de la parole était
plus facile et plus doux qu'il ne l'eût été dans les tumultu-
euses Assemblées de 1848 et 1849. Une attention polie et
bienveillante, un silence et une tenue de bon ton permet-

taient à l'orateur novice de dérouler ses idées sans en perdre
le fil et sans en embrouiller la trame. Les interruptions
étaient rares, brèves et courtoises. Une entrée en matière
simple et naturelle, une ordonnance nette, un développement
aisé, une diction sans enflure, aristocratiquement familière
et spirituelle, de la malice parfois et de la bonne humeur,
avec des mots d'enfant terrible, une émotion contenue qui
finissait par se trahir, telles furent les qualités qui charmèrent
les nobles collègues du jeune pair. La confiance dans sa
cause, les excitations du dehors, l'expérience de ses forces,
tout contribuant à le soutenir, il eut bientôt acquis l'ampleur
qui lui manquait, l'assurance dans l'improvisation ; et la
passion qu'il maîtrisait le maîtrisant à son tour, il la laissa
éclater en jets superbes, déborder et s'épancher en flots
abondants et brûlants. Alors la tribune fut bien à lui. Il y
monta soudain sous l'aiguillon de l'inspiration, de la contra-
diction provocante, sans autre préparation que la connaissance approfondie du sujet qu'il devait traiter et la volonté
bien arrêtée de convaincre. Il s'y maintint fièrement, comme
en un fort conquis d'assaut, lançant à ses adversaires ses
apostrophes enflammées, ses réparties piquantes, semblables,
les unes aux grands coups d'estoc de ses pères, les autres
aux flèches barbelées d'un archer habile et malin.

Il y a dans ces *Oraisons*, comme dirait Bossuet (1), des
passages d'une beauté achevée au point de vue de la forme.
Cicéron, qui aimait les périodes savamment cadencées et les
détails finement ciselés, n'eût pas désavoué certain parallèle
entre Ravignan et Lacordaire qui orne un des discours
sur la *Liberté de l'Enseignement* (2).

---

(1) Panègyrique de saint Paul.

(2) *Discours du 8 mai 1844.* Voici ce passage : « La chaire chré-
» tienne a toujours été une des gloires de la France, même sous le point
» de vue intellectuel et littéraire. Eh bien! quel est le phénomène qu'elle
» vous présente aujourd'hui ? Deux hommes, rivaux par l'éloquence,
» mais profondément unis par leur affection réciproque, par le but de
» leurs travaux, par l'analogie des révolutions de leur vie; l'un, dont la

La véhémence passionnée de Démosthènes anime tout le discours sur l'écrasement du *Sonderbund* et la péroraison de la réponse à M. Dupin, laquelle se termine par une de ces fières protestations, dignes de servir de devise à une légion *Thébaine* : « *Nous sommes les fils des croisés et nous ne reculerons pas devant les fils de Voltaire.* »

Nous ne prétendons pas que Montalembert ait toujours vu et frappé juste, ni que tous ses discours soient d'incomparables chefs-d'œuvre; mais comme vigueur de raisonnement, comme sûreté et exactitude de renseignements, comme richesse de fond historique, politique, économique, nous affirmons qu'il égale les plus renommés des orateurs contemporains. Il n'a pas la majesté sereine de Guizot et de Royer-Collard ; il n'en a pas non plus la raideur et la sécheresse. Il n'a pas la prestigieuse habileté de Thiers; il est tout ensemble plus loyal et plus franc, plus élevé et plus ferme. Son verbe se déroule avec moins de solennelle grandeur que celui de Berryer, il vibre avec moins de continuité et de puissance ; il a peut-être quelque chose de plus impétueux et de plus pénétrant; c'est la lame courte et violente de l'Adriatique comparée à la vaste houle de l'Océan.

Pour juger de cette éloquence, disons mieux, pour en jouir, prenons-la à l'heure de sa maturité et de sa plénitude. Ressuscitons une de ces scènes de luttes oratoires, qui ornent

---

» parole bondit comme un torrent impétueux, entraîne et terrasse par » des élans imprévus et invincibles ; l'autre qui, comme un fleuve majes-» tueux, répand les flots de son éloquence, toujours harmonieuse et » correcte! l'un qui domine et ébranle par l'enthousiasme, portant jus-» qu'au fond des cœurs les plus rebelles des éclairs de foi, d'humilité et » d'amour ; l'autre qui persuade et émeut autant par le charme que par » l'autorité, et qui redresse les intelligences en purifiant les âmes; tous » les deux, le dominicain et le jésuite, enchaînant successivement d'année » en année, au pied de la plus haute des tribunes, des milliers d'audi-» teurs, attentifs, charmés, surtout étonnés de s'y trouver; tous les deux » rendant ainsi à la chaire française un éclat, une popularité et une gloire » qu'elle n'avait pas connues depuis les jours de Massillon. »

notre histoire de France aussi bien, et à meilleur titre, qu'une bataille de Condé ou de Napoléon.

Nous sommes au 18 octobre 1849.

A la *Constituante* de 48 a succédé une assemblée législative, composée à peu près des mêmes éléments. C'est dire que si les hommes d'ordre, de saines idées, de sentiments modérés, de bonne éducation y dominent, les tendances antisociales, les préjugés impies, la passion irréligieuse, la grossièreté même y sont largement représentés par un groupe considérable de parvenus de l'émeute.

Il s'agit, ce jour-là, des conséquences de l'expédition de Rome.

La discussion, soulevée à propos de la lettre du Prince-Président à Edgard Ney, n'a pas tardé à se porter sur le terrain des principes, et la question du pouvoir temporel du pape est en jeu.

Un poète, à qui la patrie a déjà beaucoup pardonné, mais qui siégeait pourtant dans les rangs des conservateurs, vient, à la stupéfaction de tous, d'évoluer sur place. Il a débité, avec une lenteur monotone, une longue diatribe, un véritable réquisitoire contre le gouvernement pontifical. C'est Victor Hugo.

Les ennemis de l'Eglise ont tressailli d'aise, en voyant venir à eux cette recrue inattendue, et de frénétiques battements de main l'accompagnent dans sa fuite.

Oui, dans sa fuite, car l'agresseur a quitté la salle, déserté le champ clos, comme s'il craignait de voir ramasser le gant qu'il jette à ses anciens amis.

Notre champion catholique a bondi (1).

Le voilà dans l'arène.

Ce gant, il l'a saisi, et, ne pouvant le rejeter à l'adversaire qui se dérobe, il en soufflette ceux qui acclament le déserteur :

_____

(1) C'est à propos de ce discours que Pie IX dit de Montalembert : *E un campione. C'est un champion.*

« Le discours que vous venez d'entendre a déjà reçu le
» châtiment qu'il méritait par les applaudissements qui l'ont
» accueilli. »

Cet exorde indigné provoque des hurlements de douleur et
de rage.

Contraint de se reprendre, parce qu'il a manqué aux
convenances parlementaires, Montalembert, par une ironie
plus cruelle que sa colère, retire le mot *châtiment*, et à cette
expression vengeresse substitue celle-ci : *récompense*.

Mais, avant de s'engager dans la réfutation d'un discours
hérissé de sophismes, il tient à en finir avec la personne de
l'orateur.

En expiation des outrages que le poète a proférés contre
le Saint-Siége et contre Rome, « il ira peut-être un jour
» dans cette ville incomparable, il ira y chercher le repos,
» le calme, la paix, la dignité dans la retraite, tous ces biens
» qui ont été assurés à cette Ville-Éternelle, depuis tant de
» siècles, par ce même gouvernement clérical qu'il a insulté
» tout à l'heure à cette tribune. Il ira chercher ces bienfaits,
» il les trouvera, et alors il bénira le ciel d'avoir inspiré aux
» nations chrétiennes la pensée de maintenir en Europe un
» asile, un seul, pour des biens si précieux, à l'abri de ces
» orages, de ces calomnies, de ces mécomptes, de ces vio-
» lences de la vie politique, où son inexpérience semble pla-
» cer aujourd'hui le bonheur suprême des peuples et des
» individus Eh bien ! là il se repentira d'avoir fait le discours
» qu'il vient de prononcer, et ce repentir sera son châtiment.»

Hélas ! plût au Ciel que ce mélancolique souhait eût eu son
accomplissement ! Si, dans son exil, Victor Hugo, au lieu de
se réfugier sur un rocher protestant (1) ; d'abandonner, en face
de l'Océan, son imagination à des visions titanesques, eût cher-
ché un asile à Rome, son âme rassérénée eût retrouvé peut-
être les pures inspirations de sa jeunesse, et ses admirateurs,
après tant d'autres afflictions qu'il leur a causées, n'auraient

_____

(1) Guernesey.

pas eu le chagrin de le voir mettre en vers médiocres, au terme de sa carrière, la verbeuse déclamation de 1849 (1).

Il avait oublié l'amnistie, si généreusement accordée par Pie IX, au commencement de son pontificat, à des hommes qui, presque tous, étaient devenus parjures, après avoir été sacrilèges. Montalembert rappelle cette dure leçon, si propre à décourager l'indulgence :

« Messieurs, dit-il, Bossuet a parlé de *ce je ne sais quoi* » *d'achevé que le malheur ajoute à la vertu.* Eh bien! » Pie IX a connu *ce je ne sais quoi d'achevé;* il a connu » le malheur. Mais il a connu en outre ce qu'il y a de plus » poignant, de plus cruel dans le malheur, l'ingratitude. Et » cependant, je ne l'en plains pas, je l'en honore ; j'oserais » presque dire, je lui en porte envie. Ne fait pas des ingrats » qui veut. Pour faire des ingrats, il faut avoir fait du bien » à ses semblables, il faut avoir tenté de grandes choses » pour l'humanité. Il n'est pas donné à tout le monde de » faire des ingrats. Heureux donc ceux qui font des ingrats, « mais malheur à ceux qui le sont, et malheur à ceux qui se » font les organes et les orateurs de l'ingratitude. »

On avait affecté de distinguer le souverain pontife de ce qu'on appelait « son entourage. » Montalembert proteste contre *cette ruse de guerre, cette ruse de tribune.*

« Non, messieurs, de deux choses l'une : ou le pape Pie IX » sait ce qu'il veut et fait ce qu'il veut, et alors toutes les » invectives que vous adressez au gouvernement clérical et » à son entourage tombent sur lui; ou bien il ne sait pas ce » qu'il veut, il est l'instrument d'autrui, et alors il ne mérite » aucun des éloges dérisoires que vous daignez encore accor- » der à sa personne. Choisissez.

» Cette distinction, messieurs, est une bien vieille rubrique, » une vieille rubrique révolutionnaire que l'honorable M. Vic- » tor Hugo aurait dû trouver au dessous de lui : elle est » d'ancienne date. Savez-vous pour qui a été inventée cette

---

(1) Victor Hugo. *Le Pape,* poème, 1879.

» distinction entre le chef de l'Etat et son entourage ? Je vais
» vous le dire. C'est pour l'infortuné Louis XVI. Oui, quand
» Louis XVI a commencé sa carrière de réformateur, comme
» Pie IX, il a été entouré des applaudissements de tous et
» salué par l'enthousiasme hypocrite d'un grand nombre.
» Puis on s'est mis à le séparer de son entourage, à le distin-
» guer de sa famille, de ses serviteurs et amis, et on a dit :
» Le roi est bon ; il a de bonnes intentions ; mais ce qui est
» détestable, c'est ce qui l'entoure, ce qui le dirige, ce qui ins-
» pire son action et sa pensée. Et après qu'on l'a eu séparé,
» emprisonné et immolé ses serviteurs, ses amis, on l'a pris,
» lui, seul, dépouillé, isolé de tous, et on l'a jeté au bourreau,
» sous le nom de Louis Capet. »

Le chemin est déblayé ; l'orateur entre dans le vif du sujet.

Il oppose aux exigences qu'on affiche vis-à-vis du Pape
la conduite que l'on tient en France, où l'on refuse à la ville
de Paris les franchises communales que Pie IX concède à
ses Etats.

Il redit l'abus fait par les Romains des institutions qu'on
leur avait octroyées.

Pie IX est allé à la démocratie :

« Il a marché droit à elle, et lui a dit : Vous êtes ma fille,
» et je suis votre père..... Il a invité, non pas l'Église à
» se réconcilier avec la liberté.... l'Église réconcilie, elle ne
» se réconcilie pas, elle n'a pas besoin de se réconcilier avec
» personne... il a invité la liberté moderne à se réconcilier
» avec l'Église, trop longtemps méconnue par elle. »

Si maintenant les libérâtres reprochent au vieux parti libé-
ral ce qu'ils appellent sa *grande apostasie*, de même que
leurs aïeux de 1791, quand le fougueux tribun de la veille
essayait d'enrayer le mouvement révolutionnaire, faisaient
crier dans les rues : « La grande trahison du comte de Mira-
beau, » c'est la faute de « ces impurs et incorrigibles démagogues » qui ont « souillé le nom et le drapeau de la liberté »,
et « qui s'en sont servis pour faire triompher le crime. »

Ici l'âme de Montalembert s'exalte et s'émeut. Il flétrit

« les forfaits, les assassinats, les crimes commis partout au
» nom de la liberté, qui ont glacé et désolé les cœurs les
» plus dévoués à sa cause. Savez-vous, poursuit-il, ce qui
» éteint dans les cœurs la flamme rayonnante et féconde de
» la liberté? Ce n'est pas la main des tyrans. Voyez la Polo-
» gne. Depuis trois quarts de siècle, est-ce que cette flamme
» de la liberté n'y brûle pas inextinguible sous une triple
» oppression? Savez-vous ce qui l'éteint? Ce sont eux, eux,
» ces démagogues dont je parlais tout à l'heure, ces anar-
» chistes, ces hommes qui déclarent partout une guerre
» impie et implacable à la nature humaine, aux conditions
» fondamentales de la société, aux bases éternelles de la
» vérité, du droit et de la justice sociale. »

Il montre ensuite les rois, dans la période qui a précédé
la dernière crise, venant tous, tour à tour, demander à la
liberté « un sacre nouveau, une investiture nouvelle, » le
Pape « un rayon de plus pour sa tiare. »

» Eh bien! que s'est-il passé? Vous avez arrêté tout cela,..
» Vous avez détourné ce courant admirable qui nous inspi-
» rait à nous, vieux libéraux, comme vous dites, tant de
» confiance et d'admiration. Ce courant s'est perdu. Vous
» avez détrôné quelques rois, c'est vrai, mais vous avez
» détrôné bien plus sûrement la liberté. Les rois sont remon-
» tés sur leurs trônes; la liberté n'est pas remontée sur le
» sien. Elle n'est pas remontée sur le trône qu'elle avait dans
» nos cœurs. Oh! je sais bien que vous écrivez son nom par-
» tout, dans toutes les lois, sur tous les murs, sur toutes les
» corniches. »

(Et, au milieu de l'hilarité d'une grande partie de l'assemblée, son doigt se lève vers les voûtes de la salle, où rayon-
nent les trois mots sacramentels du régime républicain.)
« Mais dans les cœurs, son nom s'est effacé. Oui, la belle, la
» fière, la sainte, la pure et noble liberté, que nous avons
» tant aimée, tant chérie, tant servie (violents murmures à
» gauche); oui, servie, avant vous, plus que vous, mieux
» que vous; cette liberté-là, elle n'est pas morte, j'espère;

» mais elle est éteinte, évanouie, écrasée, étouffée, entre ce
» que l'un de vous a osé appeler la souveraineté du but, c'est-
» à-dire la souveraineté du mal, et, de l'autre côté, ce retour
» forcé vers l'exagération de l'autorité, dont vous avez fait
» un besoin pour la nature humaine, pour la société, et pour
» le cœur humain, effrayé de vos excès...

» Savez-vous quel est dans le monde le plus grand de tous
» vos crimes? Ce n'est pas seulement le sang humain que vous
» avez versé, quoiqu'il crie vengeance au Ciel contre vous ;
» ce n'est pas seulement d'avoir versé à pleines mains la
» ruine dans l'Europe entière, quoique ce soit le plus formi-
» dable argument contre vos doctrines. Non! c'est d'avoir
» désenchanté le monde de la liberté. C'est d'avoir en quelque
» sorte désorienté le monde! C'est d'avoir compromis, ou
» ébranlé, ou anéanti dans tous les cœurs honnêtes cette noble
» croyance! C'est d'avoir refoulé vers sa source le torrent des
» destinées humaines. »

Ici l'émotion est au comble. Montalembert a retrouvé les
accents qui résonnaient sous les voûtes de la Chambre des
pairs, le 14 janvier 1848, alors que, stigmatisant les radi-
caux de Suisse, il exprimait ses appréhensions sur le sort de
la liberté, déshonorée par leurs excès.

Tous ces hommes qui, comme lui, ont aimé et pratiqué la
discussion publique ; rêvé, à la faveur de la parole libre, un
progrès constant, quoique mesuré dans sa marche, des diverses classes de la société; la conquête graduelle, par la raison,
du gouvernement des choses humaines; ces hommes, dont
quelques-uns commencent à sentir le besoin, signalé par
l'orateur, d'un retour au principe d'autorité, et qui, bientôt,
avec lui, croiront, pendant quelques jours, trouver le salut
dans l'exagération de ce principe, savent gré à celui qui
traduit si bien leurs regrets et leurs craintes.

Leurs applaudissements le soutiennent et l'animent. La
gauche atterrée garde le silence. Elle n'ose plus lancer les interruptions que le Président de l'Assemblée qualifiait d'*indé-
centes,* et qui d'ailleurs ont provoqué des ripostes si prom-

ptes et si foudroyantes. La défense s'est transformée en un
formidable acte d'accusation, et l'auditoire, par l'accueil fait
à l'exposé des griefs, a rendu la sentence.

Puisque justice est faite, l'avocat du Saint-Père peut examiner de sang-froid les conséquences possibles d'une immix-
tion dans les rapports du Pape avec ses sujets.

Ces conséquences sont fatales.

Il en faudra venir à peser sur ses déterminations, offrir
à l'Europe étonnée le spectacle d'un peuple qui se retourne,
pour le violenter et l'amoindrir, contre le souverain dont il
a restauré le pouvoir.

« Puisque vous ne voulez pas employer la violence ; puis-
» qu'il n'entre dans l'esprit de personne, sans exception, de
» renouveler contre Pie IX des attentats qui ont été commis
» contre Boniface VIII et tant d'autres papes, évitez d'entrer
» dans la voie qui peut conduire, qui peut aboutir à cette
» violence dont vous désavouez d'avance la pensée.

» Mais laissez-moi vous le demander : Croyez-vous que les
» hommes qui ont été conduits à porter la main sur le Saint-
» Siége, sur les Souverains-Pontifes eux-mêmes, soient
» entrés avec cette pensée dans leurs luttes contre le Saint-
» Siége ? Croyez-vous qu'ils se sont dit tout d'abord : Je
» ferai le Pape prisonnier ou je lui forcerai la main par tous
» les moyens que peut fournir la violence ou la contrainte ?
» Je suis convaincu qu'il n'en est rien ; mais ils y ont été
» conduits, comme vous y seriez conduits vous-mêmes, si
» vous entriez dans cette voie, par le dépit, par l'impatience,
» par la menace maladroitement faite, qui manque son effet,
» et à laquelle un détestable amour-propre force de rester
» fidèle. »

Un mémorable exemple se présente au souvenir de tous ;
Montalembert n'a garde de l'oublier ; ce sont les démêlés de
Napoléon avec Pie VII :

« Qu'est-il résulté de cette lutte ? Une grande faiblesse et
» une grande déconsidération pour le grand Empereur, et,
» en fin de compte, une grande défaite. »

Car pour ceux qui luttent contre le Saint-Siége, « l'in-
» succès est certain. » Qu'est-ce en effet que la force maté-
rielle, comparée à « *la force morale, à l'immortel empire*
» *sur les consciences et sur les âmes?* »

Les libre-penseurs recommencent leurs protestations en
entendant ces paroles d'un croyant sincère.

Ces protestations forcent celui-ci à chercher un argument
plus facilement acceptable pour ces auditeurs récalcitrants.
Il le trouvera, et s'élèvera, en le développant, à des hau-
teurs que lui-même ne pensait pas atteindre :

« Vous niez la force morale, vous niez la foi, vous niez
» l'empire de l'autorité pontificale sur les âmes, cet empire
» qui a eu raison des plus fiers empereurs! Eh bien! soit ;
» mais il y a une chose que vous ne pouvez pas nier, c'est la
» faiblesse du Saint-Siége. Or, sachez-le, c'est cette fai-
» blesse qui fait sa force insurmontable contre vous. Oui,
» vraiment, car il n'y a pas dans l'histoire du monde un
» plus grand spectacle et un plus consolant que les embarras
» de la force aux prises avec la faiblesse.

» Permettez-moi une comparaison familière. Quand un
» homme est condamné à lutter contre une femme, si cette
» femme n'est pas la dernière des créatures, elle peut le bra-
» ver impunément. Elle lui dit : Frappez ; vous vous désho-
» norerez, mais vous ne me vaincrez pas. Eh bien ! l'Eglise
» n'est pas une femme ; elle est bien plus qu'une femme,
» c'est une mère ! »

On voudrait s'arrêter après ce cri si vivant, si pathétique,
si filial, qui fait vibrer encore la fibre catholique dans toutes
les poitrines françaises ; mais on est emporté par le mouvement qui l'a fait jaillir et qui se continue :

« C'est une mère, c'est la mère de l'Europe, c'est la mère
» de la société moderne, c'est la mère de l'humanité moderne.
» On a beau être un fils dénaturé, un fils révolté, un fils
» ingrat, on reste toujours fils, et il vient un moment, dans
» toute lutte contre l'Église, où cette lutte parricide devient
« insupportable au genre humain, et où celui qui l'a engagée

» tombe accablé, anéanti, soit par la défaite, soit par la
» réprobation unanime de l'humanité. »

La partie est gagnée, et le vainqueur, soulagé par cette
explosion de sa foi, peut, à son aise, presque sans exciter
de réclamations, railler ces imprudents qui vont se butter
contre ce « vieux texte d'un vieux livre, appelé les *Actes*
» *des Apôtres, non possumus*, qui a été inventé par un
» vieux pape appelé saint Pierre, » faire rire aux dépens
de ces prétentieux artisans d'*idées*, qui s'imaginent pouvoir
lutter contre des *dogmes*, lesquels ont une *origine mysté-
rieuse, surnaturelle, dix-huit siècles* de date, et règnent
sur la conscience de cent millions de fidèles.

Une magnifique péroraison couronne cette admirable haran-
gue, qui fut suivie, disait, le lendemain, le *Journal des
Débats, d'applaudissements tels qu'on ne se souvenait
pas d'en avoir entendu dans les assemblées délibérantes.*

En la relisant, à trente ans d'intervalle, après tant de vicis-
situdes, qui ont fait de la cause débattue alors une cause
vaincue, on se sent emporté par cette éloquence nerveuse,
émue, palpitante ; on se prend à lire à haute voix, on se
lève, on marche, on voudrait agir, et l'on dit, en fermant le
livre : Non, Lacordaire n'a pas eu raison d'écrire : « L'ora-
» teur et l'auditoire sont deux frères qui naissent et meurent
» le même jour. » (1) Pour la grande éloquence, appliquée à
des objets d'un intérêt universel et toujours présent, l'auditoire se reforme à chaque génération, et, pas plus que le
poète, l'orateur *ne meurt tout entier* (2).

III

Le coup d'Etat du 2 Décembre n'eut pas Montalembert
pour complice. Avec un certain nombre de ses collègues, il

---

(1) Lacordaire. *Mémoire pour le rétablissement des Frères Prêcheurs,*
ch. 3.

(2) *Non omnis moriar.* Horace. Odes, liv. III, ode 24.

protesta contre *la dissolution de l'Assemblé enationale et sa dispersion par la violence* (1).

Cependant, quelques jours après, son nom figurait dans la liste des membres d'une commission consultative, nommée par le Prince-Président, et, en janvier 1852, il acceptait le mandat de député au Corps législatif On a vu là une lacune dans la logique de ses opinions libérales et une solution de continuité dans sa conduite. Nous pourrions répondre que Montalembert n'avait point partagé les défiances d'une partie de la droite et les animosités de la gauche contre Louis-Napoléon. Il acceptait et voulait faire accepter par les catholiques un régime qui laissait au bien *la liberté possible,* et qui promettait d'enchaîner *la liberté,* autrement *certaine du mal* (2). Aucun intérêt personnel ne le guidait, puisque, au premier acte arbitraire du nouveau gouvernement (3), il donna sa démission. Mais enfin, dit-on, lui, partisan invétéré, et, il l'a proclamé cent fois, *incorrigible,* du système parlementaire, il a semblé absoudre, par son adhésion momentanée, l'interruption brutale, usurpatrice, de la vie nationale, la suppression des libertés vitales de son régime préféré. Les vieux royalistes, les républicains d'ancienne date n'ont pas été trompés. Par quelle candeur d'esprit, lui, s'est-il laissé abuser ? Quel était donc chez lui le côté faible et désarmé ? Son panégyriste à l'Académie française l'a défini avec beaucoup de justesse : « *Un esprit souvent flottant sur un caractère toujours solide.* » (4) Qu'il nous soit permis d'exposer notre pensée. Comprendre et expliquer, c'est justifier à demi ; et, d'ailleurs, les idées que nous allons émettre contiennent les restrictions que nous apportons à notre admiration pour les écrits politiques de Montalembert.

---

(1) Protestation des 63 députés. *Œuvres de Montalembert.* Discours, tome III.

(2) Déclaration de Montalembert après le coup d'Etat.

(3) Confiscation des biens de la famille d'Orléans, 22 janvier 1852.

(4) Réponse de M. Cuvillier-Fleury au discours de réception de M. le duc d'Aumale.

3

Entré dans l'arène à une époque où l'on affectait de présenter la religion comme inféodée au trône des Bourbons, il s'est dit *catholique avant tout*, catholique uniquement, sans arrière-pensée.

Il a créé le parti catholique, *clérical*, dirait-on aujourd'hui. Ce fut son honneur de dégager l'Eglise de France, devant l'opinion, de toute alliance compromettante, de la montrer libre de toute solidarité avec les ennemis du gouvernement. Mais, ce résultat obtenu, rien ne faisait à Montalembert une loi de l'isolement. Il a persévéré dans son attitude. Il ne s'est pas mis en peine d'avoir un principe politique ; il n'a pas cru à la nécessité d'un point d'appui inébranlable pour le maintien des institutions qu'il aimait. Il n'a pas eu ces convictions, ces superstitions de parti, si l'on veut, qui, à la longue, s'incarnent dans l'individu, rétrécissent peut-être son jugement, mais l'empêchent de jamais transiger avec les dictateurs d'aventure, avec les intrus royaux ou impériaux. Un peu de superflu en ce sens aide beaucoup à sauvegarder l'essentiel, de même qu'un peu de dévotion extérieure aide singulièrement à conserver le culte *en esprit et en vérité* (1). Solon exigeait que tout citoyen marquât franchement sa place dans les dissensions civiles; ce législateur avait raison. Certaines absences de parti pris sur les questions dynastiques ou sur la forme gouvernementale facilitent les surprises des conspirateurs sans conscience ; certaines neutralités vis-à-vis des gouvernements de fait se transforment en involontaires complicités.

Autre chicane :

Ayant usé, avec un succès toujours croissant, de la presse et de la parole pour soutenir la cause de la liberté religieuse, il a cru ces deux armes suffisantes et toutes puissantes pour la gagner. — Mais la liberté politique dont Montalembert, selon son expression, avait fait *son idole* (2) ; cette

---

(1) Joan. IV. 23.
(2) Discours sur le *Sonderbund*.

liberté qui lui paraissait la panacée à tous les maux, a-t-elle donc, par elle seule, la vertu qu'il lui prêtait ? Les forces du bien et celles du mal sont-elles ici-bas absolument égales ? Ou même, car c'est là que mènent ses principes, les premières sont-elles assurées de l'emporter sur les secondes, indépendamment de tout appui humain ? Le bon et le mauvais instinct de notre nature sont-ils en parfait équilibre ? Livrés à nous-mêmes, vers quelles régions inclinerions-nous ? Irions-nous volontairement et toujours au bien ? Dieu s'est-il engagé à faire triompher toujours l'équité en ce monde ? Suscitera-t-il, à chaque instant, l'homme nécessaire qui poussera les autres dans la voie de la justice et les subjuguera sans les violenter ? Cet homme aura-t-il toujours les moyens d'agir sur ses semblables ? Ne rencontrera-t-il pas d'insurmontables obstacles ? N'y a-t-il pas une hypocrisie de libéralisme qui masque d'intolérables tyrannies ? Aujourd'hui, la presse est libre jusqu'à la licence et la tribune n'est pas muette ; Montalembert, néanmoins, serait réduit à se taire : candidat, il n'obtiendrait pas la majorité des suffrages ; élu, il serait invalidé. Nous ne nions pas l'utilité des Constitutions et des Chartes, mais nous croyons que les Constitutions et les Chartes valent surtout par les hommes qui les appliquent, et Montesquieu, que Montalembert commente et développe souvent, se contente de vanter la constitution anglaise, tout en se défendant d'examiner si les Anglais de son temps jouissaient de la liberté qu'elle garantit (1).

Dès que Montalembert eut reconnu sa méprise, il fit volte-face au nouvel état de choses et se posa en ennemi. La fougue, l'emportement de son opposition le réhabilitèrent à ses propres yeux. Son *Discours de réception à l'Académie française* fut sa déclaration de guerre. Il continua les hostilités par deux ouvrages dans lesquels il préconisait, avec l'ardeur d'un prosélytisme qui s'agite dans le vide, le système qu'il aimait et qu'il voyait bafoué : *Des intérêts catho-*

_____

(1) *Esprit des Lois*, liv. XI, ch. 6. *De la Constitution anglaise.*

*liques au XIX*e *siècle,* et *De l'Avenir politique en
Angleterre.* Son discours au Congrès de Malines sur l'*Église
libre dans l'État libre,* son article sur les *Mémoires de
Saint-Simon,* procèdent des mêmes sentiments d'acrimonie
contre lui-même et contre ceux qui l'avaient trompé. Avouons
que dans ces écrits, remarquables de verve, il y a un peu
d'exagération optimiste sur les avantages du mécanisme
parlementaire, bien que, de temps à autre, il en fasse un
pis-aller, une nécessité locale et temporaire, plus qu'un idéal
absolu (1). Avouons aussi qu'il y a un peu d'aigreur dans la
polémique personnelle.

Pour tout le reste, sa clairvoyance redevint entière. Dès
1856, après le Congrès de Paris, il signala le premier, dans
sa brochure : *Pie IX et lord Palmerston,* des périls que
nul n'entrevoyait. Trois ans à peine s'étaient écoulés et ses
tristes prévisions se réalisaient. La guerre d'Italie déchaînait
des passions longtemps contenues, des appétits longtemps
comprimés. Des cris d'alarme retentirent. Ils partaient,
c'était naturel, du sein de l'épiscopat. On sait les noms qui,
dans cette levée de boucliers, se couvrirent d'une gloire impé-
rissable. Montalembert figura au premier rang des défen-
seurs du Saint-Siége. Sa plume flétrit Cavour, consola
Pie IX et loua Lamoricière (2). Elle a contribué, pour la
meilleure part, après les fameuses brochures de Mgr Dupanloup, à retarder de dix années la chute du pouvoir temporel.

Les labeurs de cette lutte quotidienne ne l'absorbaient pas
tout entier.

Pour rafraîchir son âme, enfiévrée par les saintes colères
que lui causaient les spectacles du présent, il s'était rejeté
vers ce passé, consolation de ses premiers mécomptes.

Après la condamnation de l'*Avenir,* Dieu avait placé sur

---

(1) *Des Intérêts catholiques,* ch. 7.

(2) *Œuvres polémiques et diverses,* tome II et III. *Pie IX et la France
en* 1849 *et en* 1859. *Lettres à M. de Cavour.* — *Le général de
Lamoricière.*

sa route le tombeau mutilé de sainte Élisabeth de Hongrie ; le journaliste s'était fait hagiographe. A la fin de sa carrière, la Providence lui ouvrit les cloîtres du moyen âge ; l'orateur, condamné au silence, devint historien.

Il est temps, pour nous, d'apprécier les Œuvres littéraires de Montalembert et le talent qui s'y révèle.

IV

Amoureux des productions de l'art chrétien, dénonciateur indigné des Vandales qui les détruisent (1), il va de ville en ville, de monastère en monastère, de ruine en ruine, contempler ici une fresque à demi effacée, là un bas-relief ébréché, plus loin déchiffrer une inscription, dessiner un porche gothique, feuilleter un manuscrit. Les œuvres lui révèlent les hommes. Il s'éprend d'une tendresse indicible pour ces âmes naïves, fortes, héroïques, dont il lit les actes sur des parchemins poudreux, dans des poèmes oubliés. La sainte poésie du Christianisme, la chevalerie des caractères et des entreprises, tout le captive, en ces temps lointains, trop méconnus ou sciemment calomniés. Il sera le justicier qui flagelle les calomniateurs et réhabilite les victimes. Chateaubriand n'a tracé qu'une esquisse insuffisante des beautés et des bienfaits de la religion ; son livre n'est, à proprement parler, qu'un programme immense, quoique incomplet, que plusieurs écrivains de génie parviendraient à peine à remplir. L'ami de Lacordaire se chargera d'un ou deux chapitres: *De la Religion comme passion. De l'Origine de la vie et des institutions monastiques* (2). *L'Histoire de sainte Élisabeth* n'est qu'un épisode du poème qu'il rêve ; c'est une fleur charmante, cueillie au seuil

---

(1) *Du Vandalisme dans l'art.* Œuvres complètes, tome VI.
(2) Chateaubriand. *Génie du Christianisme.*

des grands bois, exhalant les parfums de la solitude. *Les Moines d'Occident*, voilà son épopée (1).

Après une halte devant la gracieuse image qu'il rencontre dès les premiers pas, la longue promenade à travers la forêt aux mystérieuses obscurités, aux vastes ramures. Avec quel bonheur il se plonge dans cet inextricable fouillis de buissons, d'arbres enlacés, où la hache du religieux va pratiquer une éclaircie pour élever sa pacifique forteresse et creuser des sillons fertiles ! Mais l'historien, ébloui à l'aspect des richesses qu'il aperçoit, enivré de jouissances confuses, reprend possession de lui-même. Il va faire l'ordre dans les résultats de ses découvertes. De magistrales introductions mettront le lecteur au courant, au niveau du sujet. Il est bon qu'un tableau rapide, un résumé concis lui présente d'abord en raccourci les merveilles qu'il doit ensuite considérer à loisir. Ces pages sont de vrais discours, entraînants, juvéniles, un mirage enchanteur, qui fait passer devant les yeux les basiliques ogivales, les moutiers, les manoirs féodaux, leurs habitants : saints contemplatifs, théologiens, prédicateurs, trouvères, chevaliers, châtelaines. L'auteur nous communique son enthousiasme pour ces âges de foi où les simples notions du devoir et du droit faisaient palpiter tous les cœurs ; il nous aide à comprendre ces guerriers sans peur, capables d'atrocités et d'héroïsme, de forfaits sans nom et de vertus surhumaines. Puis il entre en matière et narre en détail. Il a dérobé aux vieux chroniqueurs leur aimable simplicité et aux copistes de manuscrits leurs enluminures brillantes. On oublie le XIXᵉ siècle, on est contemporain de saint Louis, *du bon duc* de Thuringe, de *la chère Sainte;* on pleure avec elle sur le triste sort des lépreux, sur la misère des pauvres, sur la cruelle *départie* du landgrave ; on savoure les roses changées en pain, on effeuille les pains transformés en roses ; quelque chose chante dans l'âme, avec plus d'atten-

---

(1) Victor de Laprade. *Du sentiment de la nature chez les modernes*, liv. 1ᵉʳ, chap. 6. — *Les Mystiques.*

drissement que d'exaltation, l'acte de foi de Pauline : « Je vois, je sais, je crois. » (1)

Du siècle des croisades, on descend aux jours agités de la décadence romaine et de l'invasion barbare. On s'aventure dans les déserts où fleurissent les Paul, les Antoine et les Hilarion. D'Orient on suit en Occident l'institution monastique sur les pas d'Athanase et d'Hilaire. Voici Benoît à Subiaco et au Mont-Cassin, Benoît, le patriarche, le législateur par excellence. Ses disciples envahissent l'Italie, la Gaule, l'Espagne. Ils montent sur les trônes épiscopaux, sur la chaire de saint Pierre. Ils sont appelés dans les palais des rois. Les voilà maintenant qui voguent sur les mers scandinaves ou qui s'enfoncent sous les hautes colonnades des chênes celtiques. Ils chassent de leur antique domaine Odin, Teutatès, Irmensul. Ils adoucissent les descendants indomptés d'Arminius et de Galgacus. Ils président à la naissance des jeunes souverainetés ; baptisent et sacrent l'Heptarchie saxonne ; défrichent un sol inculte ; labourent, pêchent, bâtissent, parlent, chantent, écrivent, dépassant mille fois par l'énergie de leur courage, par la constance de leurs efforts, par l'efficacité de leurs exemples, par l'universalité et la durée de leurs services, les civilisateurs fabuleux des races helléniques, Orphée, Amphion, Cadmus et Triptolème. Sur ce fond opulent, se détachent trois figures plus originales, plus amoureusement caressées par le pinceau du peintre : Columba, Wilfrid et Cuthbert. L'imagination se plaît à les accompagner dans les pérégrinations de leur rude apostolat. Types achevés de force morale, d'activité féconde, de dévouement pour tous, leurs traits se gravent dans la mémoire ; on les cherche aux lieux que sanctifia leur présence. et l'on se surprend à errer sur leurs traces sous les arceaux ruinés de Melrose, de Bangor et d'Iona.

Jamais plus étonnante érudition ne fut si parfaitement digérée et si heureusement dissimulée.

---

(1) Corneille *Polyeucte*. Act. V., sc. 5.

Jamais historien ne s'ident'fia mieux avec ses héros, pour les faire revivre avec leur langage, leurs mœurs, leurs vertus, leurs faiblesses. Car, impartial toujours, malgré son admiration, il ne déguise aucun tort « *afin d'avoir le droit de ne voiler aucune gloire* (1).» La vérité est assez belle pour que la cause de la civilisation chrétienne se trouve vengée par un véridique exposé.

Nulle part l'histoire n'a revêtu un pareil caractère. Augustin Thierry, qui lui rendit sa couleur vraie, ne pouvait donner au récit ce je ne sais quoi d'attendri, qui est le propre de l'école catholique, la seule qui aime avec le cœur les âmes et Dieu.

J'entends par là cette onction qui découle d'une âme croyante et aimante, voyant dans les événements humains les bontés prévenantes du Christ Rédempteur encore plus que les justes sévérités du juge inexorable.

C'est elle qui fait le charme du dialogue de Mgr Gerbet, où Fénelon raconte à Platon les douceurs de la pénitence chrétienne (2); des conférences de Lacordaire sur la *Divinité de Jésus-Christ* (3); des leçons d'Ozanam sur *le 5e siècle* et sur *les poètes Franciscains* (4); des chapitres suaves où le Père Gratry analyse et décrit l'*Automne* et l'*Hiver de la vie* (5).

C'est le résultat du commerce avec l'*Imitation*, avec les *Confessions* de saint Augustin, avec l'*Évangile*, avec Jésus lui-même, non plus seulement caché sous la lettre, mais goûté dans le mystère de sa chair eucharistique. Lisez les

---

(1) *Moines d'Occident*. Introduction, chap. Ier.

(2) Gerbet. *Vues sur le Sacrement de pénitence*, chap. dernier.

(3) Lacordaire. *Conférences de Notre-Dame*, année 1846.

(4) Ozanam. *La civilisation chrétienne au Ve siècle. Études sur les poètes Franciscains.*

(5) Gratry. *Connaissance de l'âme*, chap. 2.

Nous ne pouvons tout rappeler, mais comment oublier les *Lettres et le Journal* d'Eugénie de Guérin, le *Récit d'une sœur*, les tendres effusions de Mgr de La Bouillerie sur l'Eucharistie et le *Parfum de Rome*, de Louis Veuillot?

pages intitulées : *Le bonheur dans le cloître* (1); *l'Armée du sacrifice;* et ces dernières lignes, trempées de larmes paternelles, où l'explication *du nombre et de la persévérance des vocations contemporaines* se conclut par un récit et une description qui mettent en scène un sacrifice personnel (2). Vous sentirez, vous goûterez et vous comprendrez.

Combien il est regrettable que ce magnifique portique soit inachevé, que cette splendide avenue qui devait aboutir à la grande figure de saint Bernard, n'offre vers la fin que des arcades interrompues! Les fragments publiés depuis la mort de Montalembert augmentent nos regrets. A vrai dire, l'étude sur les *Moines et la Féodalité,* n'est qu'une suite de notes, auxquelles ne manque pas précisément la mise en œuvre, mais que la répétition de faits identiques ou analogues entre eux rend un peu monotone.

Le second travail, concernant les *prédécesseurs de saint Grégoire VII,* est le résumé le plus complet, le plus attachant, le plus judicieux, de la *querelle des Investitures,* ce long duel entre le Sacerdoce et l'Empire, qui se termina par la défaite des Empereurs. Une si pleine justice y est rendue à la Papauté, qu'on s'étonne, en lisant ces pages, de l'âpreté des derniers jugements de Montalembert sur son rôle en nos jours et sur les hommages que lui décernait notre piété filiale. L'irritation causée par les déceptions de la vie publique, accrue par les chagrins, par la souffrance physique, explique et excuse en partie des intempérances de langage qui affligèrent ses amis et qui contrastent étrangement avec les expressions soumises de ses écrits antérieurs. Il avait vu descendre dans la tombe Lacordaire ; il avait épanché sa douleur dans une biographie éloquente. Il publia le Testament du grand Dominicain, et il exhala une dernière fois son amertume dans une préface en style de pamphlet (3).

---

(1) *Moines d'Occident,* Introduction, chap. 5.
(2) *Id.,* tome V, chap. 17. Conclusion.
(3) *Testament du Père Lacordaire.* Avant-propos.

Oublions ces écarts d'un génie qui nous appartient. Ne nous souvenons que de ses autres actes et de ses autres livres. Ou plutôt souvenons-nous de tout et du mot suprême qui efface toutes les taches et dissipe toutes les ombres : PARDON ! (1)

Le pardon, tu l'obtins dans ta courte agonie.

Tu l'avais dit dans un transport sublime de foi et de charité :

« *L'Église est une mère !* » Or, une mère pardonne aisément. Et quand cette mère est l'Église ; quand un instinct surnaturel l'avertit du vrai sens des mots et de leur portée ; quand un don miraculeux d'intuition et de double vue la fait pénétrer dans les plus intimes replis d'une âme pour y lire ses vraies, ses persévérantes dispositions, elle connaît la profondeur, la vivacité, l'intensité du sentiment qui fait explosion, elle connaît tout cela, même avant que les lèvres se soient agitées.

Au reste, la rétractation anticipée de Montalembert est dans cet entretien qui précéda de très peu sa mort, et qu'un de ses amis nous rapporte :

« *Que ferez-vous*, lui demandait-on, *si l'Infaillibilité est* » *proclamée ?* » — Le malade se redressa dans son fauteuil, avec un geste animé, et s'écria : « *On dit que le Pape est* « *pour nous un père. Eh bien ! il y a des pères qui veulent* » *parfois nous imposer des choses qui sont peu confor-* » *mes à nos idées. En ce cas, un fils cherche à persuader* » *son père, il discute même avec lui. Puis, quand il voit* » *qu'il n'y a plus moyen, il se soumet. Je ferai comme* » *cela.* » L'interlocuteur reprit : « *Oh ! vous vous soumet-* » *trez extérieurement ; mais comment parviendrez-vous* » *à arranger cette soumission avec vos convictions ?* » Il repartit avec plus de vivacité encore : « *Je n'arran-*

---

(1) Saisi d'une défaillance subite, il n'eut que le temps de murmurer ce mot, pendant qu'on lui prodiguait les derniers soins et qu'on lui administrait les sacrements.

» gerai rien du tout. *Je soumettrai ma volonté, comme*
» *on la soumet en matière de foi. Le bon Dieu ne me*
» *demandera pas de combiner quoi que ce soit ; il me*
» *demandera de soumettre ma volonté et mon intelli-*
» *gence, et je les soumettrai !* » (1)

N'est-ce pas là un désaveu formel de toutes les expressions acrimonieuses que la fougue du tempérament ou l'excès
de la douleur ont pu arracher au défenseur émérite de l'Église
et de la Papauté ?

Il s'écriait un jour dans une assemblée catholique : « *Si*
» *la bonne foi était bannie du reste du monde,* disait
» notre roi Jean, *elle devrait se retrouver sur les lèvres*
» *d'un roi de France.* Messieurs, pour la défense de notre
» foi, soyons tous des rois de France ! » (2)

Non, sa foi n'a point défailli. Ces vertus privées, ces
vertus publiques, dont il fut parmi nous un modèle presque
parfait, amour conjugal et paternel, amitié fidèle, patriotisme ardent, labeur constant et acharné, intégrité inviolée,
désintéressement, fermeté, générosité sans mesure, s'avi-
vaient à la source dont les flots rajeunissent les âmes qui
s'y désaltèrent, source ouverte au flanc du Sauveur, selon
le langage mystique des Pères, d'où jaillirent les Sacrements
qui purifient, réjouissent et confortent. La pratique de ces
vertus, le recours à ces moyens surnaturels d'action,
n'étaient pas pour Montalembert l'ornement et le superflu de
la vie, mais la vie elle-même. Jamais on ne le surprit en
défaut sur un de ces points délicats du Code de l'honneur
mondain et de la Morale de l'Évangile. Or, qui ne le sait ?
pour le chrétien, *bien croire est le fondement de bien
vivre* (3), et la vertu ne dure guère dès que la foi a vacillé.

---

(1) Foisset. *Le comte de Montalembert,* 1ʳᵉ partie.— *Mémoires sur le
comte de Montalembert,* par Mᵐᵉ Oliphant, traduits de l'anglais.

(2) Second discours au congrès de Malines.

(3) Bossuet.

Oui, le *magistère* auguste devant qui s'inclina son jeune
front, à l'heure de l'enivrement superbe, avait, en Montalembert, un disciple docile, dont le déclin n'eût pas démenti
l'aurore. « Sois tranquille, lui dit la conscience catholique :
» ta mère t'absout, ton père t'a béni, et tes frères sont fiers
» de toi. Nul d'entre eux ne sera tenté d'effacer l'épigraphe
» que tu plaças au frontispice de tes ouvrages : QUALIS AB
» INCEPTO ! »

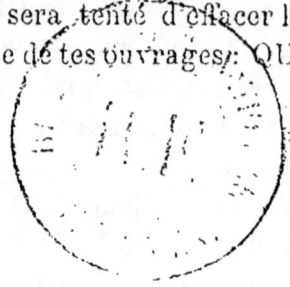

Bordeaux. — J. Lamarque, imp., rue Porte-Dijeaux, 43.

5

www.ingramcontent.com/pod-product-compliance
Lightning Source LLC
LaVergne TN
LVHW022037080426
835513LV00009B/1097